CONSIDÉRATIONS

SUR LE PROJET DE LOI

RELATIF AUX ÉLECTIONS,

ADOPTÉ

PAR LA CHAMBRE DES DÉPUTÉS;

PAR M. B. DE CONSTANT.

(Extrait du *Mercure de France* du 18 Janvier.)

PARIS,

Chez DELAUNAY, Libraire, au Palais-Royal, galerie de bois.

1817.

Se vend chez le même Libraire :

De la Doctrine politique qui peut réunir les partis en France ; par le même auteur. Quarante-trois pages in-8°. Prix : 1 franc 25 cent.

AVERTISSEMENT.

Invité par quelques amis à faire réimprimer à part les considérations suivantes, qui ont paru dans le *Mercure* du 18 de ce mois, j'y ai ajouté quelques développemens et quelques notes.

CONSIDÉRATIONS

SUR LE PROJET DE LOI

RELATIF AUX ÉLECTIONS,

ADOPTÉ

PAR LA CHAMBRE DES DÉPUTÉS.

Le projet de loi sur les élections, présenté par le gouvernement, et revêtu de l'assentiment de la chambre des députés, est d'une haute importance. Il est désirable qu'enfin le droit d'élire librement des mandataires nationaux soit assuré aux Français, qui ne l'ont exercé jusqu'à ce jour que d'une manière, tantôt incomplète, et tantôt illusoire. Si le projet actuel remet ce droit à une masse nombreuse de propriétaires, identifiés par leurs intérêts à nos institutions actuelles, son adoption sera un pas immense vers l'affermissement de ces institutions, et par là même vers la liberté et vers le repos, inséparables aujourd'hui de la liberté.

Je pense donc que tout citoyen est excusable et louable même, en soumettant au public des réflexions sur une question si essentielle.

Je commencerai par rapporter en abrégé ce que les antagonistes du projet de loi ont dit de plus fort, et je crois qu'on reconnaîtra que je n'ai ni supprimé, ni défiguré leurs raisonnemens.

A les en croire, « ce projet de loi restreint à un trop » petit nombre les Français qui participeront désormais au

» droit d'élire. Quatre millions neuf cent mille citoyens se » verront dépouillés de ce droit précieux; la charte l'avait » consacré et avait pourvu à son exercice, en permettant » deux degrés d'élection. Par le premier degré, la masse » de la nation participait au choix de ses mandataires; » mais le projet tend à former d'une seule classe, payant » de 3 à 700 francs, une aristocratie composée en partie de » paysans, et en partie de bourgeois. Cette classe, qui » s'élève à plus de la moitié des contribuables, ayant tou- » jours la majorité dans les colléges électoraux, fera tout, » dirigera tout, élira tout.

» La charte a considéré la fortune comme une garantie » nécessaire pour l'exercice des droits politiques, et l'in- » fluence de la fortune sera détruite; car les riches, qui » payent plus de 700 francs de contribution, seront en » minorité. Ces riches auraient pu trouver dans la classe » des citoyens qui payent des contributions de moins de » 300 francs des auxiliaires, à l'aide desquels on aurait » vu se rétablir l'équilibre; mais le projet de loi sacrifie » tout à la classe intermédiaire, qui a peu de chose à » perdre ou à conserver. L'opinion de cette classe dominera » seule, et fera prévaloir les intérêts nouveaux sur les » intérêts anciens. Voulez-vous la garantie de la propriété? » N'admettez pour électeurs que les plus imposés de chaque » département. Voulez-vous les principes du gouverne- » ment représentatif? Ne refusez pas de laisser la nation » intervenir dans les élections, au moins d'une manière » indirecte.

» Le projet entraînerait des difficultés de détail insur- » montables, et des disproportions monstrueuses; l'on ne » saurait comment réunir les électeurs, ni comment main- » tenir l'ordre dans leurs réunions. Ici on aurait quinze » mille individus à rassembler; là cinquante ou soixante: » ceux des campagnes ne se rendraient pas au chef-lieu; » ceux du chef-lieu profiteraient de l'absence de ceux des

» campagnes. L'inégalité de la représentation serait portée
» à un excès déplorable. Dans tel département, 150 électeurs
» nommeraient deux députés; dans tel autre,
» 20,000 n'en pourraient nommer que huit. Mieux vaut
» revenir aux colléges électoraux, bien qu'ils soient de la
» création de Bonaparte. Ils n'avaient point fait de mauvais
» choix en 1814, puisque l'assemblée de 1814 a rappelé
» son roi; ils en avaient fait de meilleurs encore
» en 1815. »

Pour apprécier cette série d'argumens, il faut séparer ceux qui se dirigent contre le fond du projet de loi, d'avec ceux qui ne portent que sur des détails d'exécution.

Les premiers, destinés à attaquer la loi dans sa base, reposent sur deux idées qui d'abord sembleraient incompatibles, et que je ne veux pas essayer de concilier, de peur de démontrer qu'elles sont inconciliables, car alors on me reprocherait d'inculper des intentions, tandis que mon seul but est d'établir des principes.

La première de ces idées, c'est qu'il ne faut pas priver les citoyens qui ne payent pas 300 francs d'impositions de toute participation, même indirecte, à la nomination de leurs députés.

Mais commençons par examiner quelle était l'étendue et la réalité de cette participation dans l'état actuel de nos colléges électoraux; nous examinerons ensuite quelle peut être cette même étendue et cette même réalité, dans tout système qui divise l'élection en deux degrés.

Dans notre législation présente, le droit qu'on regrette pour le peuple, en quoi consistait-il? il consistait à nommer des hommes chargés d'en nommer d'autres, et qui, dès l'instant qu'ils étaient revêtus de la qualité d'électeurs, se trouvaient immédiatement, et pour la vie, séparés de ceux qui leur avaient conféré cette dignité. Ce droit consistait donc à créer une aristocratie viagère qui, loin d'être un lien entre la représentation et le peuple, était au contraire une barrière, un mur de séparation entre le peuple et la représentation; car, une fois les colléges électoraux formés, le reste de la nation ne pouvait plus avoir d'influence sur le choix des députés.

Si l'on compare ce système avec celui qu'introduit la loi nouvelle, on ne peut s'empêcher de reconnaître que le premier ne conférait qu'un droit illusoire. Le seul résultat réel de ce droit était de confier à 16 ou 20 mille individus l'élection de nos mandataires, tandis que le projet de loi qu'on propose remet ce choix à cent mille citoyens, et que les réunions de ces cent mille propriétaires, dans les divers départemens, différeront encore des anciens colléges électoraux en ce point essentiel, qu'elles ne formeront point une classe à part et permanente dans sa très-grande majorité, mais que l'enceinte électorale sera désormais ouverte à tous ceux qui acquerront la contribution requise; de sorte que toute augmentation de fortune, toute spéculation légitime, tout effort d'industrie heureuse, toute économie sage et prolongée, conféreront de droit à tout Français une part véritable et positive à l'exercice du droit le plus précieux dans un état représentatif.

Dira-t-on qu'on pouvait donner aux colléges électoraux une organisation meilleure, ne pas les faire à vie, les renouveler plus souvent?

Je réponds que l'inconvénient de réduire une grande partie, les quatre cinquièmes de ceux qui, par le projet de loi, votent directement pour le choix des députés, à ne voter que pour des nominations d'électeurs subsisterait toujours. De l'aveu même des antagonistes du projet, le droit d'élire les députés ne peut s'accorder qu'à ceux qui payent 300 francs de contribution. En conséquence, pour augmenter le nombre qui concourrait à des nominations illusoires, on propose de restreindre celui qui doit concourir à des nominations réelles; il n'y a pas moyen d'obscurcir la question. Si vous établissez deux degrés d'élection, vous aurez plus de suffrages pour créer des électeurs; mais vous en aurez moins pour créer des députés.

Or, créer des électeurs, est-ce participer aux avantages du gouvernement représentatif? Est-ce exercer les droits que ce gouvernement garantit aux citoyens? Non, c'est conférer à d'autres le droit d'exercer ces droits. Les seuls citoyens, dans un pareil système, sont les électeurs; le reste de la nation est déshéritée, et qu'on ne dise pas qu'elle se déshérite volontairement : certes, elle y est forcée, quand la loi ne lui laisse l'option que de nommer les électeurs ou de ne nommer personne.

Il vaut donc beaucoup mieux accorder à cent mille hommes une participation directe, active, réelle, à la nomination des mandataires d'un peuple, que de faire de cette participation un monopole pour seize ou vingt mille, sous prétexte de conserver à un, ou à deux, ou même, si l'on veut adopter le calcul d'un des opposans au projet de loi, à quatre millions, une participation indirecte, inactive, chimérique, et qui se borne toujours à une vaine cérémonie.

L'élection directe constitue seule le vrai système représentatif.

Quand des citoyens sont appelés à nommer leurs députés, ils savent quelles fonctions ces députés auront à remplir. Ils ont un terme de comparaison précis et clair entre le but qu'ils désirent atteindre, et les qualités requises pour que ce but soit atteint. Ils jugent en conséquence de l'aptitude des candidats, de leurs lumières, de leur intérêt au bien public, de leur zèle, et de leur indépendance. Ils mettent eux-mêmes un grand intérêt aux nominations, parce qu'à leur résultat se lie l'espoir de se voir appuyés, défendus, préservés d'impôts excessifs, protégés contre l'arbitraire.

Mais quand ces citoyens ne sont appelés qu'à nommer des électeurs, c'est-à-dire, des hommes qui en nomment d'autres, le même intérêt n'existe pas. Ces électeurs, après avoir en dix jours donné leurs suffrages, rentrent dans leur nullité, ne pouvant faire de bien à personne, embrasser la cause de personne. Le peuple ne peut donc mettre, à choisir des électeurs, la même importance qu'à choisir des députés. Le résultat du premier choix n'est point décisif. Nul arrondissement ne sait si la nomination des représentans sera seulement modifiée par la fraction électorale, au choix de laquelle il aura concouru. Cette nomination d'électeurs est un détour, une filière, qui cache le but aux regards, et qui réfroidit l'esprit public.

D'un autre côté, des colléges électoraux, peu nombreux, dénaturent aussi les effets de l'élection. Les gouvernemens dans lesquels le peuple est de quelque chose, seraient le triomphe de la médiocrité, sans une sorte d'électricité morale, dont la nature a doué les hommes, comme pour assurer l'empire des qualités distinguées. Plus les assemblées sont nombreuses, plus cette électricité est puissante : et, comme lorsqu'il est question d'élire, il est utile qu'elle dirige les choix, les assemblées qui élisent doivent être aussi nombreuses que cela est compatible avec le bon ordre.

Les hommes ordinaires ne sont justes que lorsqu'ils sont entraînés ; ils ne sont entraînés que lorsque, réunis en grand nombre, ils réagissent les uns sur les autres.

Les colléges électoraux, restreints, séparés de la nation, formant une corporation fermée, comme ils le font dès que tout propriétaire payant la quotité prescrite d'impôts n'y entre pas de droit, favorisent, par cette seule organisation, l'envie et la nullité. Sans doute, on a toujours vu siéger dans nos législatures des hommes éclairés ; mais il faut convenir néanmoins qu'il s'y est introduit beaucoup d'hommes qui n'ayant ni propriétés, ni facultés éminentes, n'auraient jamais obtenu, par un mode d'élection vraiment populaire, les suffrages de la nation. On n'attire les regards de quelques milliers de citoyens que par des titres positifs, une opulence noblement employée, une industrie utile à plusieurs classes, une réputation étendue; mais des relations domestiques, des relations de cotterie, accaparent la majorité dans un collége peu nombreux. Pour être nommé par le peuple, il faut avoir des partisans placés au-delà des alentours ordinaires, et par conséquent un mérite positif; pour être choisi par quelques électeurs, il suffit de n'avoir point d'ennemis. L'avantage est tout entier pour les qualités négatives; aussi la représentation nationale a-t-elle été souvent moins avancée que l'opinion sur beaucoup d'objets.

On me dira que dans plusieurs départemens les électeurs seront en très-petit nombre. C'est un inconvénient inhérent à l'état présent des choses; au moins ce nombre ne sera pas limité; il pourra s'accroître par l'accroissement de l'aisance nationale, suite infaillible de la liberté. D'ailleurs, on convient, et même on objecte, que dans beaucoup d'autres départemens les assemblées seront très-nombreuses. Profitons donc de ce qui est, en attendant ce qui n'est pas encore. Que si l'on prétend qu'en descendant au-dessous de 300 fr., l'on augmenterait immédiatement le nombre des électeurs, on trouvera tout à l'heure ma réponse.

L'élection directe, en faveur de laquelle déposent toutes les vraisemblances de la théorie, tous les témoignages de la pratique, tous les écrivains anciens, toutes les expériences modernes; l'élection directe qui, en Amérique et en Angleterre, va toujours chercher les grands propriétaires et les hommes distingués; cette élection, enfin, consacrée par les deux plus profonds publicistes de l'Europe éclairée, Machiavel et Montesquieu, (*) peut seule établir un lien continuel, un lien plus ou moins étroit entre les chefs de l'état et la masse des citoyens; elle seule peut inves-

(*) Machiavel, Decad., 1, 47. Montesquieu, Esp. des lois, 11, 2.

tir la représentation nationale d'une force véritable, et lui donner dans l'opinion des racines profondes. (1)

Sans doute le nombre des électeurs qu'admet le projet de loi est encore très-restreint : je conviens volontiers qu'il est fâcheux que dans une nation de vingt-six millions d'hommes, cent mille seulement soient électeurs. J'ai exprimé ailleurs mon opinion sur les conditions de propriété que le corps social peut et doit exiger de ses membres pour l'exercice des droits politiques. (2) Tout homme qui possède un revenu, tel qu'il puisse subsister sans être aux gages d'un autre, devrait jouir de ces droits, et le paiement de 300 francs de contributions directes, suppose incontestablement un revenu trop élevé. Mais on ne peut en accuser le projet de loi ; la charte est notre règle ; elle ne peut être modifiée. Les antagonistes du projet le reconnaissent avec nous, et eux sur-tout auraient mauvaise grâce s'ils voulaient s'en plaindre ; car c'est la faute de quelques-uns d'entr'eux, si le gouvernement, qui avait admis l'année dernière la possibilité des améliorations, a dû craindre qu'on ne s'en servit pour tout détruire, et s'est vu contraint d'y renoncer.

La charte ayant donc prononcé que nul citoyen qui ne paye pas 300 francs de contribution ne peut concourir au choix des députés, le projet de loi, soumis à cette règle, contient ce qu'elle admet de meilleur, de plus libéral, de plus populaire.

Par ce système, l'élection partira, pour la première fois en France, d'une source vraiment nationale, et, bien que les propriétaires qui ne payent pas 300 francs de contribution puissent s'affliger de ce qu'une barrière souvent imperceptible les privera momentanément de la plénitude de leurs droits ; ils participeront eux-mêmes bien plus aux avantages du gouvernement représentatif, en trouvant

(1) Voyez les notes à la fin.

dans leurs amis, dans leurs parens, dans leurs égaux, des électeurs de droit, à qui personne ne pourra contester cette qualité, qu'ils n'y participeraient, si, d'une part, ils avaient la faculté trompeuse d'inscrire quelques noms d'électeurs sur une liste; et si, de l'autre part, la distance entr'eux et les électeurs était bien plus grande, et le nombre de ces derniers bien plus resserré.

Il ne faut pas croire que les bienfaits du système représentatif disparaissent entièrement pour ceux qui n'en exercent pas toutes les prérogatives, quand ces prérogatives sont exercées par une classe très-voisine d'eux. Il n'y aura point entre les propriétaires qui payent 300 fr. de contribution, et ceux dont les contributions seront moins élevées, une ligne de démarcation qui rende leurs intérêts différens. Les petits propriétaires, et même les non-propriétaires, dans les bourgs, les villages, les hameaux, seront unis par des relations de famille avec beaucoup de propriétaires payant 300 francs; ils auront la perspective d'entrer peut-être eux-mêmes un jour dans cette classe. Ainsi la barrière ne sera point durable, et les intérêts seront identiques.

Le contraire aurait lieu, si l'on adoptait la proposition de déclarer électeurs les plus imposés : c'est la seconde idée mise en avant par les antagonistes du projet de loi. La richesse forme autour d'elle-même une enceinte bien plus impénétrable que la médiocrité de fortune, et l'on peut affirmer que les plus imposés, constitués exclusivement en corps électoral, composeraient une aristocratie invincible et permanente.

Cependant, par une bizarrerie singulière, les mêmes orateurs qui réclamaient les droits du peuple, ont invoqué ensuite tout à coup l'olygarchie des plus imposés, sautant de la sorte, avec une agilité merveilleuse, des prolétaires aux riches, et par-dessus la nation.

Comment expliquer cette évolution étrange? Ils nous l'expliquent.

« En descendant, nous disent-ils, au dessous des impo-
» sés à 300 fr., on aurait admis les hommes qui exerçant
» une industrie, ou s'aidant de leur travail, sont les auxi-
» liaires naturels des grandes propriétés et des grandes
» fortunes, ce qui aurait atteint le but qu'on se propose;
» puisque c'est dans la fortune qu'on cherche des garan-
» ties ». (J'observe en passant l'emploi d'un mot pour un autre; changement qui ne laisserait pas que d'avoir d'importantes conséquences. La charte ne cherche point des garanties dans la fortune, mais dans la propriété, et c'est pour cela que le système électoral doit favoriser non les riches exclusivement, mais les propriétaires.)

Je reprends le raisonnement que j'ai cité et la question me devient claire.

Ce ne sont plus les droits du peuple qu'on fait valoir; c'est l'appui que la dépendance du peuple pourra donner à une classe particulière; appui qu'on n'espère pas trouver parmi les citoyens payant 300 fr.

La question se réduit donc à ces termes:

Voulez-vous qu'une seule classe, aidée d'une clientelle nombreuse et obéissante, dirige les élections dans son sens, dans ses intérêts, dans ses souvenirs, dans ses ressentimens, peut-être ? ou voulez-vous, sans exclure cette classe, car elle est comprise dans les imposés à 300 fr., mais en la séparant d'auxiliaires aveugles et d'instrumens passifs, que tous les propriétaires payant au-dessus de 300 fr. d'impôts soient admis à choisir leurs mandataires et leurs organes ?

Je dis tous les propriétaires; car dans le système représentatif, ce que fait la majorité est reconnu pour l'ouvrage de l'ensemble. Or, par un aveu très-louable dans sa naïveté, les adversaires du projet déclarent en propres termes que les citoyens payant de 3 à 700 fr. forment la majorité des contribuables admis à voter.

» En adoptant la loi proposée, dit le premier orateur qui

» ait parlé contre le projet, vous donnez à la classe des
» payans de 3 à 700 fr., le droit de tout faire, de tout
» diriger, de tout élire. Ces imposés de 3 à 700 fr. forment
» plus de la moitié de ce que, dans le projet, on appelle
» des électeurs (*) ».

Mais si je ne me trompe, plus de la moitié et la majorité, c'est chose identique. Il s'ensuit que ce que l'on reproche au projet, c'est de faire que la majorité de ceux que la charte appelle à concourir à l'élection, ait par l'élection, l'influence que la majorité doit avoir. Singulier reproche! Si j'avais eu l'honneur d'être député, j'aurais prononcé les mêmes paroles pour faire adopter la loi.

Mais ces imposés de 3 à 700 fr. composent la classe intermédiaire, et cette classe intermédiaire inspire aux ennemis du projet de loi un effroi qu'ils ne sauraient déguiser. Cet effroi leur dicte des aveux bien précieux à recueillir. Je m'appuyerai donc de leurs aveux mêmes.

Nous avons vu qu'ils reconnaissaient que cette classe intermédiaire formait la majorité des contribuables.

Ils reconnaissent de plus, que dans cette classe inter-
» diaire, dans ces électeurs à 300 fr., classe prédestinée,
» se trouvent concentrés tous les intérêts nés pendant nos
» discordes civiles ».

Ne nous effrayons pas du mot d'intérêts nés pendant les discordes civiles; il ne signifie autre chose sinon les intérêts nés pendant les vingt-sept années qui viennent de s'écouler. Ces intérêts nés pendant nos discordes, ne sont point nés de nos discordes : ils sont nés au contraire des transactions qui ont eu lieu, des portions d'ordre social

---

(*) Moniteur du 27 décembre. Depuis l'impression de ces Observations dans le *Mercure*, où j'avais mis le mot paysans, on m'a averti que j'avais commis une erreur, et qu'il y avait les payans de 3 à 700 fr. J'ai consulté le *Moniteur* que j'avais fait extraire, et j'ai reconnu que le reproche était fondé. Je m'empresse de rétablir cette méprise involontaire.

conservées ou rétablies, enfin de tout ce qui a été sanctionné par les lois, malgré nos discordes, et souvent pour les appaiser ou les finir. Ces intérêts sont tous en faveur de nos institutions actuelles, qui les garantissent, et l'identité des intérêts avec les institutions est le meilleur gage du repos, comme l'opposition de ces deux choses est la cause la plus infaillible des bouleversemens.

Voilà déja deux faits reconnus, et de ces deux faits en résulte un troisième, très-heureux, très-important : C'est que la majorité de la France est pour les intérêts actuels, puisque la classe intermédiaire forme la majorité des contribuables, et que cette classe est dévouée aux intérêts actuels. Puissent ceux qui nous l'ont dit, le croire autant que nous !

Ce n'est pas tout.

» Dans la classe intermédiaire, continuent les oppo-
» sans au projet de loi, se trouvent l'éducation, l'habi-
» tude des affaires, l'habileté dans le commerce et l'industrie,
» l'aptitude à toutes les professions utiles. Là, est l'esprit
» d'action et de force, l'énergie qui donne la vie et le
» mouvement aux états; là, est le centre des lumières ».
Je n'ajoute pas un mot à ce panégyrique, et je rapporterai bientôt les phrases destinées à en affaiblir l'impression ; mais auparavant, je m'arrête et je demande quel est le but qu'un système d'élection doit se proposer ?

C'est 1.° que le plus grand nombre possible de propriétaires concoure à l'opération d'élire, et que la majorité décide des résultats. Or, d'après les aveux que j'ai cités, ce premier but se trouve atteint, car tous les propriétaires admis par la charte sont électeurs, de droit; et si la classe intermédiaire décide des choix, ce ne sera qu'en conséquence de sa qualité de majorité, c'est-à-dire conformément à tous les principes du gouvernement représentatif.

2.° Une loi d'élection doit avoir pour but, de faire que tous les intérêts qui ont créé les institutions qu'on veut conserver, intérêts sur lesquels ces institutions reposent, soient représentés. Or, on a reconnu que la classe intermédiaire représentait ces intérêts.

3.° Enfin, une loi d'élection doit appeler à l'exercice de ce droit important, les hommes qui, en réunissant les qualités requises, ont de plus, l'éducation, les lumières, l'habitude des affaires, l'aptitude à tout. On vient de nous dire que la classe intermédiaire possédait toutes ces choses.

» Mais, continue-t-on, là aussi se trouve le centre » de la turbulence, de l'agitation, de l'ambition et de » l'intrigue, sa constante auxiliaire. »

Est-ce sérieusement qu'on dirige contre la classe intermédiaire ces accusations! quoi! la turbulence n'est pas plutôt l'appanage des classes inférieures! l'ambition et l'intrigue celui des classes supérieures! quoi! ce n'est plus parmi les prolétaires que les factions prennnent des instrumens, et parmi les riches qu'elles choisissent leurs chefs?

Je ne veux pas abuser de mes avantages, et j'écarte l'histoire qui m'offre d'innombrables faits. Mais en 1815 et jusqu'au 5 septembre 1816, la pauvre classe intermédiaire ne jouait pas un rôle brillant. N'y a-t-il point eu de turbulence, point de soulèvemens, point d'actes illégaux, point de violences extra-judiciaires, point d'ambition, point d'intrigues? Ce n'est pas seulement ce que nous avons lu qu'on veut nous faire oublier, c'est ce que nous avons vu et souffert.

On a été jusqu'à dire » que des députés nommés par des » électeurs à 300 fr., auraient peu de choses à perdre et » peu de chose à conserver. » ne sait-on donc pas que ce sont les propriétaires de fortunes médiocres qui ont le plus d'intérêt à ne rien perdre, parce que peu les ruine, et le plus d'intérêt à tout conserver, parce que rien n'est réparable. La pauvreté a trop peu à perdre, mais la richesse peut trop risquer. Dans la médiocrité, dans la classe intermédiaire, est éminemment l'intérêt de la conservation, et par là même de l'ordre.

On a dit encore : « Si la classe au-dessous de 300 fr. est » appelée à concourir à la nomination des électeurs, cette » classe, attachée aux grands propriétaires, formera le » contrepoids. » Quel contrepoids veut-on former ? quel équilibre veut-on établir ? Ce n'est pas, je pense, celui des hommes ennemis de ce qui existe, contre les hommes amis de ce qui existe : je craindrais de le croire. Mais un orateur du même côté semble toutefois le dire en termes clairs. « Les hautes classes conservent leur aversion pour les *sys-* « *tèmes* qui tiennent aux idées de la révolution ; la classe » inférieure les a abandonnés. Dans la classe intermé- » diaire, ils ont étendu leurs racines. »

Sont-ce donc les hautes et les basses classes que vous voulez enrégimenter contre la classe intermédiaire ? Ah ! vous n'avez pas senti ce que vous proposiez ; car ce que vous proposez n'est autre chose, à votre insu, qu'un moyen de guerre civile.

Sans doute il faut un équilibre, il faut une opposition, il faut des contrepoids dans tout gouvernement représentatif ; mais cet équilibre, ces contrepoids, cette opposition doivent être fondés sur l'amour de la liberté, et non sur la haîne des institutions.

Je crois avoir exposé avec précision et vérité le principe du projet de loi, et réfuté les objections destinées à le combattre. Jamais je n'ai rien écrit avec une conviction plus profonde. L'adoption de ce projet va donner une base large et nationale au système représentatif ; elle assurera le maintien de nos institutions, en confiant le choix des députés à la majorité des Français indépendans par leur fortune, intéressés aux institutions et éclairés sur leurs intérêts ; car, il faut le dire, jamais loi ne fut plus populaire, et c'est une nouvelle preuve de l'instinct admirable de ce peuple, que son assentiment à une proposition qui semble priver une partie de lui-même d'un droit qui, tout illusoire, pouvait néanmoins flatter sa vanité.

Le rejet du projet de loi nous aurait replongé dans un inextricable chaos, aurait renouvelé l'existence de colléges électoraux incomplets, et nécessité par là la continuation de ces adjonctions arbitraires, subversives du système représentatif, puisqu'elles conferent la qualité d'électeurs à des hommes qui n'ont ni les conditions requises, ni une mission de leurs concitoyens pour y suppléer. De la sorte serait revenue l'époque de ces simulacres d'élections où ni la nation, ni ses intérêts n'étaient représentés; le véritable droit d'élection eut été restreint à une petite minorité, et en accordant au grand nombre une faculté chimérique, l'on eût offert des instrumens aux factions, qui s'emparent de tout, sous la seule condition que ce dont elles s'emparent ne soit pas national.

Je vais maintenant examiner très-brièvement quelques reproches de détails adressés à la loi, et parler des amendemens qui ont été adoptés. Mais, je le répète, les difficultés d'exécution ne sauraient balancer l'utilité du principe. Ces difficultés s'applaniront par l'usage; on découvrira graduellement les meilleurs moyens d'y parvenir. Quand la base est solide, les améliorations sont faciles.

On a dit *que les électeurs ne viendraient pas*. Je remarquerai d'abord, avec un défenseur du projet, qu'il n'est pas permis d'effacer un droit, sous prétexte que celui à qui ce droit appartient n'en fait pas de cas et ne voudra pas en faire usage. Mais j'oserai dire ensuite que les électeurs viendront, quand ils verront que leur suffrage ne sera pas une forme vaine et illusoire, quand l'expérience les aura convaincus que de leur zèle dépendent la sage modération des impôts et le maintien des libertés individuelles; ils viendront, quand ils verront qu'on les compte vraiment pour des citoyens. Je l'affirme, le temps n'est pas loin où l'électeur qui négligerait son devoir rougirait aux yeux de ses alentours, dont il aurait pour sa part compromis les intérêts. La jouissance de la liberté apprend bien vîte à l'homme à mettre du prix à ses droits.

Je dirai de plus que si quelquefois quelques-uns ne venaient pas, c'est qu'il n'aura pas été indispensable qu'ils vinssent. Si, dans les temps calmes, leur assiduité se relâchait, le danger de cette négligence momentanée ne serait pas grand : cette négligence même serait une preuve de bien-être. Le malheur rend l'homme actif ; il ne néglige aucun moyen d'y porter remède.

J'ajouterai une considération. L'hypothèse que beaucoup d'électeurs à 300 fr. n'assisteront pas aux assemblées, aurait dû, ce me semble, réconcilier avec le projet de loi ceux qui le repoussent. Ne se plaignaient-ils pas tout à l'heure de ce que ces électeurs formaient la majorité et l'emportaient par là sur les riches ? Mais s'il n'en vient qu'un petit nombre, l'équilibre que l'on désirait sera rétabli. Je ne concilie pas cette sollicitude qui s'inquiète de leur absence, avec la répugnance qu'on témoignait pour leur admission. Se pourrait-il (je suis loin de hazarder cette conjecture), mais se pourrait-il qu'on assure qu'ils ne viendront pas, seulement pour décréditer la loi, et parce qu'on a peur qu'ils ne viennent ?

On ne saura pas où les loger. Mais dans les départemens où il n'y a point de grandes villes, les électeurs ne sont pas très-nombreux ; dans les départemens où les électeurs sont nombreux, il y a de grandes villes : où est donc la difficulté ?

Des rassemblemens de plusieurs milliers d'hommes seront tumultueux ; on les subdivisera, la loi y a pourvu.

Il ne faut pas trop s'effrayer d'ailleurs des désordres apparens qui accompagnent les assemblées un peu nombreuses. Témoin plus d'une fois des élections contestées en

Angleterre, j'ai vu combien le tableau qu'on nous en fait est exagéré ; j'ai vu sans doute des élections accompagnées de rixes, de clameurs, de disputes violentes : mais le choix n'en portait pas moins sur des hommes distingués, ou par leur talent, ou par leur fortune; et l'élection finie, tout rentrait dans la règle accoutumée ; les électeurs de la classe inférieure devenaient laborieux, dociles, respectueux même. Satisfaits d'avoir exercé leurs droits, ils se pliaient d'autant plus facilement aux supériorités et aux conventions sociales, qu'ils avaient, en agissant de la sorte, la conscience de n'obéir qu'au calcul raisonnable d'un intérêt éclairé. Le lendemain d'une élection, il ne restait plus la moindre trace de l'agitation de la veille. Le peuple avait repris ses travaux ; mais l'esprit public n'en avait pas moins reçu l'ébranlement salutaire, nécessaire pour le ranimer ; et cependant les électeurs de plusieurs villes d'Angleterre sont d'une classe bien inférieure, bien plus ignorante que nos électeurs payant 300 francs.

Que si l'on redoute le caractère français, plus impétueux, plus impatient du joug de la loi, je dirai que nous ne sommes tels, que parce que nous n'avons pas contracté l'habitude de nous réprimer nous-mêmes ; laissez-nous prendre cette habitude salutaire. Il en sera des rassemblemens pour les élections, comme des rassemblemens pour les fêtes publiques. En France, nos spectacles, nos fêtes, sont hérissées de gardes et de bayonnettes ; on croirait que trois citoyens ne peuvent se rencontrer, sans avoir besoin de deux soldats qui les séparent. En Angleterre, vingt mille hommes se rassemblent, pas un soldat ne paraît au milieu d'eux ; la sûreté de chacun est confiée à la raison et à l'intérêt de chacun, et cette multitude, se sentant dépositaire de la tranquillité publique et particulière, veille avec scrupule sur ce dépôt.

Quatre-vingts électeurs nommeront deux députés ; quinze ou vingt mille n'en nommeront que huit. Le nombre proportionnel n'est point aussi important qu'on le suppose. Il faut un député pour qu'il soit l'organe d'un département quelconque; il n'en faut pas un nombre proportionnel pour qu'un département vingt fois plus nombreux ait ses organes, sans cela vous arriveriez à un résultat absurde. Nul département ne peut avoir moins d'un député. Mais si quatre-vingts électeurs doivent en avoir un, la proportion exigerait que quinze ou vingt mille en eussent deux cent cinquante ou trois cents. Que les élections soient libres, que la représentation soit indépendante, une voix courageuse ne restera pas sans influence. J'ai vu M. Fox, représentant le bourg de Kirkwall, balancer M. Pitt, comme quand il représentait Westminster.

Je ne dis ceci que relativement au nombre proportionnel, et nullement avec l'idée que le grand nombre des députés ne soit pas désirable; mais la charte prononce, il n'y faut rien changer, je l'ai dit plus haut; nous risquerions d'y voir changer trop. Sachons profiter de ce que nous avons, puisque nous ne pouvons, sans danger, en demander davantage.

Deux amendemens ont été adoptés; le premier, relatif à la nomination du bureau, et qui était d'une nécessité évidente; l'autre, consacrant le principe que les députés n'auront point d'indemnités. J'avais énoncé ce désir il y a deux ans. Le non-payement des députés garantit leur indépendance; les payer ne serait point leur donner un intérêt de plus à bien remplir leurs fonctions : ce serait les intéresser à s'y conserver. (3)

Un troisième amendement a été proposé et rejeté, celui d'obliger les députés qui accepteraient du gouvernement des fonctions amovibles, à se faire réélire par leurs commettans. Cet amendement est conforme aux principes; il est bon que les ministres et d'autres agens de la couronne siégent dans les chambres, je l'ai prouvé ailleurs (4). Mais un député qui accepte une place, postérieurement à sa nomination, change de position personnelle; il n'est plus l'homme que le peuple avait élu; il est juste que le peuple dise s'il a confiance dans l'homme nouveau.

Au reste, le rejet de cet amendement ne détruit point le mérite des autres dispositions de la loi, mérite incontestable, mérite permaneut, tandis que les imperfections peuvent n'être que passagères. Que le bien se fasse; le mieux viendra.

NOTES.

(1) Je ne puis me refuser au plaisir de transcrire ici les observations de M. Lainé sur les avantages de l'élection directe, dans son exposé des motifs du projet de loi. « L'é-
» lection directe, dit-il, établit entre les électeurs et les
» députés des rapports immédiats, qui donnent aux pre-
» miers plus de confiance dans leurs mandataires, et aux
» seconds plus d'autorité et de poids dans l'exercice de
» leurs fonctions. Aucun électeur n'a le droit de se plaindre
» des résultats d'une élection à laquelle ils ont tous con-
» couru par leurs suffrages : aucun éligible n'a le droit de
» prétendre que, si tous les électeurs avaient été appelés,
» il aurait été élu. Vainement dira-t-on qu'en faisant
» choisir par la totalité des électeurs et de leur sein, un
» certain nombre d'électeurs d'élite qui nommeraient en-
» suite les députés, on aurait également l'expression de
» l'opinion et du vœu de tous les électeurs. La confiance
» et l'approbation ne s'accordent point d'une manière si
» absolue. Le député élu de la sorte n'aurait obtenu au
» fait que les suffrages des électeurs qui auraient concouru
» directement à sa nomination : il ne serait pas le délégué
» spécial des électeurs qui n'auraient pas été appelés à lui
» donner leur suffrage, et ceux-ci ne pourraient ni atta-
» cher la même importance, ni reconnaître la même
» autorité aux opinions et à la conduite d'un homme avec
» lequel ils n'auraient eu que des rapports éloignés.

» L'élection directe peut seule faire naître entre les élec-
» teurs et les députés, cette sorte de responsabilité morale
» qui garantit la bonté des choix, et dont l'influence va
» croissant, à mesure que ces deux classes d'hommes se
» connaissent et se lient d'avantage. C'est cette responsa-
» bilité morale et réciproque que nous devons chercher à
» fortifier et à étendre. La charte a jugé que les citoyens
» âgés de trente ans, et payant 300 fr. de contributions
» directes, étaient aptes à porter le poids de cette respon-
» sabilité. Il ne faut pas la leur rendre plus légère : plus
» les fonctions d'électeurs leur paraîtront importantes, et

» plus ils s'attacheront à la chose publique; plus les résul-
» tats de leur choix pourront leur être imputés, et plus
» ils y apporteront d'attention et de prudence. Les députés
» à leur tour se croiront obligés, dans leur mission, à un
» zèle et à une sagesse d'autant plus grandes, que la
» confiance qui les en aura revêtus sera plus directe et
» plus étendue. »

(2) « Une propriété peut être tellement restreinte, que
» celui qui la possède ne soit propriétaire qu'en apparence.
» Quiconque n'a pas en revenu, dit un écrivain qui a par-
» faitement traité cette matière (M. Garnier) la somme
» suffisante pour exister pendant l'année, sans être tenu de
» travailler pour autrui, n'est pas entièrement proprié-
» taire; il se retrouve, quant à la portion de propriété qui
» lui manque, dans la classe des salariés. Celui qui pos-
» sède le revenu nécessaire pour exister indépendamment
» de toute volonté étrangère, peut donc seul exercer les
» droits cités. Une condition de propriété inférieure est
» illusoire; une condition de propriété plus élevée est in-
» juste. » *Réflexions sur les constitutions et les garan-
ties*, *pag.* 111-112.

(3) « Lorsqu'un salaire est attaché aux fonctions repré-
» sentatives, ce salaire devient bientôt l'objet principal.
» Les candidats n'apperçoivent dans ces fonctions augustes
» que des occasions d'augmenter ou d'arranger leur for-
» tune, des facilités de déplacement, des avantages d'é-
» conomie : les électeurs eux-mêmes se laissent entraîner
» à une sorte de pitié de cotterie, qui les engage à fa-
» voriser l'époux qui veut se mettre en ménage, le père
» malaisé qui veut élever ses fils ou marier ses filles dans
» la capitale. Les créanciers nomment leurs débiteurs,
» les riches ceux de leurs parens, qu'ils aiment mieux
» secourir aux dépens de l'état, qu'à leurs propres frais.
» La nomination faite, il faut conserver ce qu'on a ob-
» tenu, et les moyens ressemblent au but; la spéculation
» s'achève par la flexibilité ou par le silence.

» Dans une constitution où les non-propriétaires ne pos-
» sèdent pas les droits politiques, l'absence de tout salaire,
» pour les représentans de la nation, me semble natu-
» relle. N'est-ce pas une contradiction outrageante et ri-
» dicule, que de repousser le pauvre de la représentation
» nationale, comme si le riche seul devait le représenter,

» et de lui faire payer ses représentans, comme si ses re» présentans étaient pauvres.

» Enfin l'Angleterre a adopté ce système. Je sais qu'on » a beaucoup déclamé contre la corruption de la chambre » des communes : comparez les effets de cette corruption » prétendue avec la conduite de plus d'une de nos assem» blées. Le parlement anglais a bien plus souvent résisté » à la couronne, que nos assemblées à leurs tyrans.

» La corruption qui naît de vues ambitieuses est bien » moins funeste, que celle qui résulte de calculs ignobles. » L'ambition est compatible avec mille qualités géné» reuses, la probité, le courage, le désintéressement, » l'indépendance ; l'avarice ne saurait exister avec aucune » de ces qualités. L'on ne peut écarter des emplois les » hommes ambitieux ; écartons-en du moins les hommes » avides : par-là nous diminuerons considérablement le » nombre des concurrens, et ceux que nous éloignerons » seront précisément les moins estimables.

» Mais une condition est nécessaire pour que les fonc» tions représentatives puissent être gratuites ; c'est qu'elles » soient importantes. Personne ne voudrait exercer gratui» tement des fonctions puériles par leur insignifiance, ou » qui seraient honteuses si elles cessaient d'être puériles : » mais aussi, dans une pareille constitution, mieux vau» drait qu'il n'y eut point de fonctions représentatives. » *Ibid*, *pag*. 65-69,

(4) « De grands avantages résultent de l'admission des » représentans du peuple aux emplois du ministère. Cette » admission est peut-être ce qui a conservé la constitution » anglaise.

» Bien que les fonctions représentatives soient les pre» mières en dignité réelle, les places du ministère étant, » dans un grand empire, une route plus sûre pour par» venir au pouvoir et aux richesses, seront toujours plus » désirées par les ambitions vulgaires. Si les membres » des assemblées ne peuvent jamais participer au gou» vernement, comme ministres, il est à craindre qu'ils » ne regardent le gouvernement comme leur ennemi na» turel. Si, au contraire, les ministres peuvent être pris » parmi les législateurs, les ambitieux ne dirigeront leurs « efforts que contre les hommes, et respecteront l'insti» tution. Les attaques, ne portant que sur les individus,

» seront moins dangereuses pour l'ensemble. Nul ne vou-
» dra briser un instrument dont il pourra conquérir l'u-
» sage; et tel qui chercherait à diminuer la force du pou-
» voir exécutif, si cette force devait toujours lui rester
» étrangère, la ménagera si elle peut devenir un jour sa
» propriété. »

» Nous en voyons l'exemple en Angleterre. Les enne-
» mis du ministère contemplent dans son pouvoir leur
» force et leur autorité future. L'opposition épargne les
» prérogatives du gouvernement comme son héritage, et
» respecte ses moyens à venir dans ses adversaires présens.
» C'est un grand vice dans une constitution que d'être
» placée entre deux partis de manière que l'un ne puisse
» arriver à l'autre qu'à travers la constitution. C'est cepen-
» dant ce qui a lieu lorsque le pouvoir ministériel, mis
» hors de la portée des législateurs, est pour eux toujours
» un obstacle et jamais une espérance.

» On ne peut se flatter d'exclure les factions d'une or-
» ganisation politique où l'on veut conserver les avantages
» de la liberté. Il faut donc travailler à rendre ces factions
» les plus innocentes qu'il est possible; et comme elles
» doivent quelquefois être victorieuses, il faut d'avance
» prévenir ou adoucir les inconvéniens de leur victoire.

» La présence des ministres dans les assemblées, est
» encore avantageuse à d'autres égards. Ils y discutent
» eux-mêmes les décrets nécessaires à l'administration;
» ils y portent des connaissances de fait que l'exercice
» seul du gouvernement peut donner. L'opposition ne
» paraît pas une hostilité; la persistance ne dégénère pas
» en obstination. Le gouvernement cède aux propositions
» raisonnables; il amende les propositions fautives; il
» explique les rédactions obscures. L'autorité rend ainsi
» un juste hommage à la raison, et se défend elle-même
» avec les armes du raisonnement.

» Quand les ministres sont membres des assemblées,
» ils sont plus facilement attaqués s'ils sont coupables;
» car, sans qu'il soit besoin de les dénoncer, il suffit de
» leur répondre. Ils se disculpent aussi plus facilement
» s'ils sont innocens, parce qu'à chaque instant ils peu-
» vent expliquer et motiver leur conduite.

» En réunissant les individus sans cesser de distinguer
» les pouvoirs, on constitue un gouvernement en harmo-
» nie, au lieu de créer deux camps sous les armes. Il en

» résulte encore qu'un ministre inepte ou suspect ne peut » garder la puissance. En Angleterre, le ministre perd » de fait sa place s'il se trouve en minorité. M. Pitt a fait » exception à cette règle pendant deux mois en 1784; » mais c'est que la nation entière était pour son ministère » contre la chambre des communes. » *Ibid.* 57-61.

DUBRAY, IMPRIMEUR, RUE VENTADOUR, N° 5.

www.ingramcontent.com/pod-product-compliance
Ingram Content Group UK Ltd.
Pitfield, Milton Keynes, MK11 3LW, UK
UKHW032028260826
14628UKWH00006B/2800

9 782019 668082